VALÉRIE LHOMME
BÉRENGÈRE ABRAHAM

Äpfel, Quitten & Maronen

KOCHEN MIT
Winterfrüchten

Inhalt

ÄPFEL UND BIRNEN

VORBEREITUNG: **25 MIN.**
ZUBEREITUNG: **10 MIN.**

FÜR 4 PERSONEN

4 große Scheiben französisches Landbrot

2 EL Olivenöl

½ Schwarzer Winterrettich

1 grüner Apfel

Saft von ½ Zitrone

4 frische Eier

300 ml gut gekühlte Schlagsahne

4 EL Lachskaviar

Meersalz „Fleur de Sel" und frisch gemahlener Pfeffer

Den Backofengrill vorheizen. Brotscheiben im Olivenöl wenden und anschließend im Ofen goldbraun rösten.

—

Winterrettich unter fließendem Wasser gründlich abbürsten. Apfel waschen. Beides trockentupfen. Apfel in feine Stifte schneiden und mit Zitronensaft beträufeln. Mit einem Gemüsehobel den Winterrettich in hauchdünne Scheiben schneiden.

—

Reichlich Wasser zum Kochen bringen. Die Eier einlegen und 5 Minuten weichkochen.

Währenddessen die gut gekühlte Sahne steif schlagen. Wenn diese fest zu werden beginnt, salzen und pfeffern.

Die Eier aus dem Wasser nehmen, kalt abschrecken und schälen. Einige Scheiben Rettich auf den gerösteten Brotscheiben verteilen, einen Löffel Sahne, einige Apfelstifte, einen Löffel Lachskaviar darübergeben und schließlich ein weiches Ei daraufsetzen. Alles salzen, pfeffern und sofort servieren.

RÖSTBROT
SÜSS-SAUER
MIT GRÜNEM
APFEL

VORBEREITUNG: **10 MIN.**
BACKZEIT: **35 MIN.**

FÜR 4 PERSONEN

4 säuerliche Äpfel
z.B. „Pink Lady" oder
„Cox Orange"

1 Vanilleschote

80 g Butter, mild gesalzen

1 TL Ceylon-Zimt-Pulver

100 g Vollrohrzucker
(Mascobado) (50+50)

Backofen auf 180 °C vorheizen. Äpfel waschen und Kernhaus mit dem Apfelstecher oder dem Küchenmesser ausstechen.

—

Vanilleschote der Länge nach aufschneiden und vierteln. Die gesalzene Butter mit dem Löffelrücken weich kneten. Zimt und die Hälfte des Zuckers untermischen.

—

Äpfel in eine feuerfeste Form stellen und jeweils einen Teil der Buttermischung in die ausgehöhlte Mitte füllen.

—

Ein Viertel Vanilleschote in jeden Apfel stecken und mit dem restlichen Rohrzucker bestreuen. Anschließend die Äpfel 35 Minuten im Ofen backen. Während die Äpfel langsam gar werden, platzt die Haut auf und das Fruchtfleisch wird zart und mürbe. Am besten verzehrt man die Bratäpfel lauwarm ohne Beilage oder mit einer Kugel Vanilleeis.

→ Für Bratäpfel sollte man eine säuerliche Apfelsorte mit fester Schale wählen, die beim Backen nicht zur sehr aufplatzt. Probieren sie ruhig unterschiedliche Sorten mit kräftigem Eigengeschmack. Je saurer die Äpfel, desto großzügiger müssen Honig und Zucker bemessen werden.

BRAT-
APFEL

→ Ein Geheimtipp unter Kennern besagt, man solle die Äpfel leicht am Topfboden anhängen lassen, um dem Kompott ein karamellisiertes Aroma zu verleihen. Feinschmecker fügen am Ende der Kochzeit noch ein nussgroßes Stück Salzbutter hinzu.

FÜR 4 PERSONEN

8 mittelgroße Boskop-Äpfel

100 g flüssiger Honig

2 Sternanis

Äpfel schälen und Kernhaus entfernen. Anschließend in Stücke schneiden. In einen Stieltopf mit dickem Boden geben und mit Honig beträufeln. Die Sternanise hinzufügen, 500 ml Wasser angießen und alles zusammen aufkochen.

—

Äpfel auf kleinem Feuer 45 Minuten im geschlossenen Topf köcheln lassen. Anschließend ohne Deckel auf kleiner Flamme weiterkochen, bis die Äpfel glasig und leicht kandiert sind.

—

Apfelkompott noch lauwarm mit gut gekühlter Crème Double oder aufgeschlagenem Schafsjoghurt servieren. Ebenso gut schmeckt das Kompott als Beilage zu einem Schweinebraten oder zu gebratener Blutwurst.

APFELKOMPOTT
MIT HONIG
UND
STERNANIS

→ Geräucherte Schellfischfilets werden gewöhnlich als „Smoked Haddock" angeboten. Wählen Sie besonders dicke und weiche Filets. Die alten Winterbirnensorten lassen sich durch Williams Christ ersetzen.

VORBEREITUNG: **20 MIN.**
MARINADE: **30 MIN.**

FÜR 4 PERSONEN

2 schöne Birnen der Sorte Edelcrassane oder Winterdechantsbirne

½ Schwarzer Winterrettich

500 g Filet von geräuchertem Schellfisch

1 unbehandelte Bergamotte (Bitterorange)

4 EL Olivenöl

Schnittlauch, klein gehackt

Meersalz „Fleur de Sel" und frisch gemahlener Pfeffer

Birnen schälen, entkernen und in feine Scheiben schneiden. Winterrettich gründlich waschen, abbürsten und trockentupfen, dann mit dem Gemüsehobel in dünne Scheiben hobeln.

—

Mit einem scharfen Filetiermesser den geräucherten Schellfisch hauchdünn wie Carpaccio aufschneiden. Abwechselnd die Scheiben von Birne, Rettich und Fisch lamellenartig auf 4 Tellern anrichten.

—

Vinaigrette anrühren. Dazu die Schale der Bergamotte abreiben und den Saft auspressen. Schale und Saft mit dem Olivenöl aufschlagen, salzen, pfeffern und über Obst und Fisch verteilen. Erneut leicht salzen und pfeffern, mit dem gehackten Schnittlauch bestreuen und vor dem Servieren 30 Minuten kühlstellen.

CARPACCIO
VON GERÄUCHERTEM
SCHELLFISCH
MIT BIRNEN

VORBEREITUNG: **20 MIN.**
ZUBEREITUNGSZEIT: **30 MIN.**

FÜR 4 PERSONEN

4 reife Birnen der Sorte
„Conference"

Saft von ½ Zitrone

1 Vanilleschote

500 g Vollrohrzucker
(Mascobado)

100 g dunkle Schokolade

250 ml Schlagsahne

40 g Mandelblätter

500 ml Vanilleeis

Birnen vorsichtig schälen und nach und nach mit Zitronensaft behandeln, damit sie an der Luft nicht braun werden. Vanilleschote aufschneiden.
—
750 ml Wasser mit dem Rohrzucker und der Vanilleschote zum Kochen bringen und weiter kochen lassen, bis sich der Zucker vollständig aufgelöst hat und ein dicklicher Sirup entstanden ist.
—
Birnen in den siedend heißen Sirup geben und bei mittlerer Hitze weiter kochen, bis die Früchte glasig und weich sind. Anschließend im Sirup erkalten lassen.
—
Schokolade mit einem Messer grob hacken, in einen kleinen Topf geben und im Wasserbad erhitzen, ohne umzurühren. Erst wenn die Schokolade vollständig geschmolzen ist, rasch und kräftig glattrühren. 100 ml flüssige Sahne einrühren und im warmen Wasserbad vorhalten.
—
Restliche Sahne sehr steif schlagen. Mandelblätter in einer Pfanne ohne Fett kurz anrösten.
—
4 große Kugeln Vanilleeis in 4 Glasschalen geben und jeweils 1 Birne mit etwas Sirup dazugeben. Mit einem Klecks Schlagsahne und noch lauwarmer, geschmolzener Schokolade verzieren. Geröstete Mandelblätter darüber streuen und sofort servieren.

BIRNE HELENE
— DAS ORIGINAL

VORBEREITUNG: **20 MIN.**
BACKZEIT: **35 MIN.**

FÜR 6 PERSONEN

2 große Vereinsdechants-
birnen

Saft ½ Zitrone

100 g Zucker

40 g Butter, mild gesalzen

75 g dunkle Schokolade

220 g tiefgekühlter
Butter-Blätterteig

Backofen auf 180 °C vorheizen. Birnen schälen, achteln und nach und nach mit Zitronensaft beträufeln, damit das Fruchtfleisch nicht braun anläuft.

—

Zucker mit 50 ml Wasser in einem kleinen Stieltopf auflösen. Bei geringer Hitze sanft köcheln lassen, bis der Zucker karamellisiert und eine schöne, goldbraune Farbe annimmt. Vom Feuer nehmen, die Salzbutter mit einem Holzlöffel in den karamellisierten Zucker einrühren. Anschließend in eine antihaftbeschichtete Tarteform (keine Springform!) gießen.

Die Birnenachtel sternförmig auf die karamellisierte Zucker-Butterlösung schichten und die Tarteform in den Ofen schieben. Birnen 15 Minuten (ohne zu wenden) in der Zucker-Butter-Masse backen. Die Form aus dem Ofen nehmen.

—

Die dunkle Schokolade kleinhacken und über die karamellisierten Birnen streuen. Den Blätterteig wie einen Deckel darüberlegen und am Rand der Form nach innen umschlagen. Erneut in den Backofen schieben.

—

Sobald der Blätterteig eine goldbraune Farbe angenommen hat, die Tarte aus dem Ofen nehmen und vorsichtig kopfüber auf eine schöne Kuchenplatte stürzen. Noch lauwarm servieren.

BIRNEN-SCHOKO-
TARTE TATIN

ZITRUSFRÜCHTE

VORBEREITUNG: **15 MIN.**
ZUBEREITUNGSZEIT: **7 MIN.**

FÜR 4 PERSONEN

6 Orangen

100 g Orangenblütenhonig

4 Entenbrustfilets

50 ml Öl

5 EL japanische Sojasoße

Salz-Pfeffer-Mischung,
grob gemahlen

2 Orangen auspressen. Von den übrigen 4 Orangen die äußere und die weiße innere Schale sorgfältig abschneiden. Die Filets aus der zarten Haut lösen und wie für einen frischen Orangensalat aufschneiden. 1 EL Orangenblütenhonig und grob gemahlenen Pfeffer darübergeben. Im Kühlschrank vorhalten.

—

Mit einem spitzen Messer die Haut der Entenbrustfilets einschneiden, mit Honig bestreichen und mit der Salz-Pfeffer-Mischung bestreuen.

—

Entenbrustfilets mit etwas Öl in der Pfanne zuerst mit der Haut nach unten anbraten. Unter häufigem Wenden goldbraun rösten und aus der Pfanne nehmen. Die Filets in Alufolie wickeln und 5 Minuten ruhen lassen.

—

Den Bratensatz am Boden der Pfanne mit dem Orangensaft ablöschen. Den übrigen Honig und die Sojasoße einrühren und 3 Minuten bei kleiner Hitze einkochen lassen. Warmstellen.

—

Entenbrustfilets mit der Honig-Orangensoße überziehen und mit dem gepfefferten Orangensalat als Beilage servieren.

ENTENBRUST À L'ORANGE.
MIT ORANGEN-BLÜTENHONIG

VORBEREITUNG: **25 MIN.**
KÜHLZEIT: **1 STD.**
ZUBEREITUNG: **10 MIN.**

FÜR 4 PERSONEN

FÜR DEN SALAT

8 große Tafel-Orangen

1 TL Zimt

2 EL Orangenblütenwasser

50 g Pinienkerne

FÜR DIE BUCHWEIZEN-PLÄTZCHEN

1 Eigelb

80 g heller Rohrohrzucker

75 g weiche, leicht gesalzene Butter

125 g Buchweizenmehl

Für die Buchweizenplätzchen das Eigelb in einer Schüssel mit dem Zucker und 1 EL Wasser aufschlagen. Weiche Butter dazugeben und kräftig durchrühren. Anschließend das Mehl einarbeiten. Den Teig gut durchkneten, bis er geschmeidig ist und in eine Kugel geformt werden kann. Die Teigkugel in Lebensmittelfolie einschlagen und 1 Stunde im Kühlschrank ruhen lassen.

—

Für den Salat sämtliche Schalen an der Außenseite der Orangen sorgfältig (mit einem Messer) entfernen. Die Früchte in dünne Scheiben schneiden. Auf vier Dessertschalen verteilen und mit Zimt bestreuen. Orangenblütenwasser darüber träufeln. Die Pinienkerne in einer Pfanne (ohne Fett) oder im Backofen kurz goldbraun anrösten und über die Orangenfilets streuen. Kaltstellen.

—

Backofen auf 180 °C vorheizen. Plätzchenteig auf einer bemehlten Arbeitsfläche ausrollen und mit einem Ausstecher die Plätzchen ausstechen. Auf ein mit Backpapier ausgelegtes Backblech legen und für 7 Minuten in den Ofen schieben. Nach dem Herausnehmen abkühlen lassen.

—

Den Orangensalat kühl mit Buchweizenplätzchen genießen.

ORANGENSALAT
MIT
BUCHWEIZENPLÄTZCHEN

→ Das Geheimnis einer guten Crème brulée liegt in einer geduldigen, langsamen Zubereitung auf kleiner Flamme. Wer Grapefruits zu herb findet, sollte das Rezept mit Orange oder Zitrone versuchen. Das Ergebnis ist ebenso köstlich.

VORBEREITUNG: **25 MIN.**
ZUBEREITUNG: **50 MIN.–1 STD.**
KÜHLZEIT: **3 STD.**

FÜR 4 BIS 6 PERSONEN

250 ml Schlagsahne

250 ml Milch

1 EL Rauchtee (z.B. Lapsang Souchong)

Zesten (dünne Schalen-streifen) und Saft von 1 unbehandelten Grapefruit

6 Eigelb

80 g Rohrzucker zum Karamellisieren

Sahne und Milch in einem Topf langsam erhitzen. Rauchtee und Grapefruitzesten 20 Minuten darin ziehen lassen.

—

Backofen auf 100 °C vorheizen. Die Eidotter mit dem Zucker in einer Schüssel aufschlagen. Den Grapefruitsaft hinzugießen. Die Sahne-Milchmischung durch ein Sieb in die Mischung geben, um so die Grapefruitschale zu entfernen. Schaumig schlagen.

—

Diese Mischung in kleine Auflaufförmchen geben und 50 Minuten bis 1 Stunde in den Backofen geben. Beim Herausnehmen sollte die Crème noch leicht wackelig sein. Anschließend erkalten lassen und danach für 3 Stunden in den Kühlschrank stellen.

—

Kurz vor dem Servieren mit Rohrzucker bestreuen und mit einem Flambierbrenner oder unter dem Backofengrill karamellisieren.

CRÈME BRULÉE
MIT GRAPEFRUIT
UND RAUCHTEE

VORBEREITUNG: **25 MIN.**
ZUBEREITUNGSZEIT: **5 MIN.**

FÜR 4 PERSONEN

600 g Baby-Tintenfische

3 EL kalt gepresstes Olivenöl

24 Kirschtomaten

20 Nizza-Oliven (schwarze Oliven)

2 unbehandelte Limetten

Meersalz „Fleur de Sel" und frisch gemahlener Pfeffer aus der Mühle

Bei den Tintenfischen Kopf und Arme vom Körper trennen, dann Kopf hinter den Augen abschneiden, sodass nur die Arme zurückbleiben. Bei größeren Tintenfischen den Körper behalten und ausnehmen, Rückgrat herausziehen. Alles gut auswaschen und den Körper in Ringe schneiden.

—

In einer Pfanne die Hälfte des Olivenöls erhitzen. Die Tintenfischteile bei starker Hitze nur ganz kurz anbraten. Sie sollten außen braun und innen noch saftig sein. Abtropfen lassen und beiseite stellen.

—

Kirschtomaten waschen, trockentupfen und halbieren. Tomaten mit noch lauwarmen Tintenfischen und Oliven in eine Schüssel geben. Salzen, pfeffern und mit dem restlichen Olivenöl übergießen. Anschließend die Limettenschale darüberreiben. Limetten auspressen und den Saft über den Salat träufeln. Erneut salzen, pfeffern und sofort servieren.

→ Wie meine Großmutter immer sagte, müssen Baby-Tintenfische „vor Angst brutzeln", damit sie zart bleiben. Wenn die Tiere beim Braten etwas Saft abgeben, entfernen Sie diesen aus der Pfanne, damit die Tintenfische knusprig werden.

SALAT VON GEBRATENEN BABY-TINTENFISCHEN IN LIMETTENSAFT

VORBEREITUNG: **15 MIN.**
ZUBEREITUNG: **20–30 MIN.**
KÜHLZEIT: **1 STD.**

FÜR 4 PERSONEN

1 unbehandelte Limette

400 ml ungezuckerte
Kokosmilch

100 ml Vollmilch

3 Eigelb

1 ganzes Ei

50 g Vollrohrzucker
(Mascobado)

2 gehäufte Messerspitzen
Ceylon-Zimt

Backofen auf 180 °C vorheizen und eine Auflaufform gefüllt mit
heißem Wasser hineinstellen, die später als Wasserbad dient.

—

Limette waschen, sorgfältig trocknen und die Schale abreiben.
Kokosmilch mit der Vollmilch aufkochen. Eigelbe mit dem Ei,
dem Rohrzucker und dem Zimtpulver schaumig schlagen. 2/3 der
geriebenen Limettenschale einrühren.

—

Die warme Milchmischung in die aufgeschlagenen Eier gießen und
kräftig unterrühren. Die entstandene Crème auf 4 Auflaufförmchen
verteilen.

—

Auflaufförmchen anschließend in das heiße Wasserbad im Backofen
stellen. Die kleinen Crèmes 20 bis 30 Minuten im Wasserbad garen,
bis sie fest geworden sind. Aus dem Wasserbad nehmen und bei
Raumtemperatur abkühlen lassen. Förmchen mit Lebensmittelfolie
abdecken und für mindestens eine Stunde in den Kühlschrank
stellen.

—

Vor dem Servieren die Crèmes mit etwas abgeriebener Limettenschale dekorieren.

LIMETTEN-
KOKOS-
CRÈME

VORBEREITUNG: **20 MIN.**
ZIEHZEIT: **15 MIN.**
KOCHZEIT: **15 MIN.**

FÜR 4 PERSONEN

250 ml Schlagsahne

2 unbehandelte Zitronen

200 g weiße Champignons

100 g Bottarga (s. Kasten)

500 g bunte Spaghetti oder Linguine

Meersalz „Fleur de Sel" und frisch gemahlener Pfeffer aus der Mühle

Die flüssige Sahne erhitzen. Zitronen waschen, sorgfältig trocknen und Schale mit einer feinen Reibe abreiben. Sahne vom Feuer nehmen, ¾ der Zitronenschale einrühren und 15 Minuten ziehen lassen.

—

Für die Pasta Salzwasser in einem Topf zum Kochen bringen.

—

Champignons putzen, trockentupfen und in feine Scheiben schneiden.

—

Bottarga aus der Wachsschicht lösen und in dünne Scheiben schneiden. Die Pasta nach Anleitung auf der Packung kochen. Abgießen.

—

Champignons in die Zitronensahne geben. Die Pilzsauce auf den Herd stellen und auf kleiner Flamme sanft köcheln lassen.

—

Pasta auf 4 Teller verteilen, mit der Pilzsauce übergießen, die Bottargascheiben zusammen mit der restlichen Zitronenschale darauf verteilen, salzen, pfeffern und sofort servieren.

→ Bei Bottarga handelt es sich um den in einer Wachshülle konservierten, getrockneten Rogen der Meeräsche. Die Bottarga ist typisch für die Mittelmeerküche und bei uns in entsprechenden Feinkostgeschäften und über das Internet erhältlich.

SPAGHETTI
IN CHAMPIGNON-ZITRONENSAUCE MIT BOTTARGA

VORBEREITUNG: **20 MIN.**
BACKZEIT: **30 MIN.**

FÜR 4 PERSONEN

2 unbehandelte Zitronen

1 Eigelb

1 ganzes Ei

40 g Vollrohrzucker
(Mascobado)

1 EL Maisstärke

220 g Mürbeteig aus dem
Kühlregal

FÜR DIE BAISERS

2 Eiweiß

100 g Zucker

Backofen auf 210 °C vorheizen. Zitronen heiß abwaschen, abtrocknen und von der Schale hauchdünne Zesten schneiden.

—

Für die Zitronencreme das Eigelb und das ganze Ei mit dem Vollrohrzucker aufschlagen. Anschließend die Maisstärke einrühren, dabei Klümpchen vermeiden. Den Zitronensaft und die Hälfte der Zesten dazugeben. Diese Mischung auf kleinem Feuer unter ständigem Rühren erhitzen, bis sie andickt. In eine Schüssel gießen und abkühlen lassen.

—

Mürbeteig ausrollen und mit einem Ausstecher oder einem Glas Kreise von ungefähr 12 cm Durchmesser ausstechen. Die Teigkreise auf ein mit Backpapier ausgelegtes Backblech legen und in den Ofen schieben. Haben die Plätzchen eine goldgelbe Farbe angenommen, aus dem Ofen nehmen und auf einem Kuchengitter abkühlen lassen.

—

Für die Baisermasse das Eiweiß steif schlagen. Den Zucker erst gegen Ende der Prozedur hinzufügen, damit die Masse schön fest wird. In einen Spritzbeutel mit gezackter Spitze füllen.

—

Backofengrill einschalten. Zitronencreme auf die 4 Mürbeteigplätzchen verteilen und eine großzügige Haube aus Baisermasse mit der Spritztüte daraufsetzen. Die Törtchen anschließend noch 1 Minute unter den Backofengrill geben und leicht anbräunen.

ZITRONENTÖRTCHEN
MIT BAISER

VORBEREITUNG: **35 MIN.**
EINWEICHZEIT: **12 STD.**
KOCHZEIT: **30–40 MIN.**

FÜR 2 KLEINE GLÄSER

800 g unbehandelte Clementinen (mit Kernen)

400 g reiner Kristallzucker

1 Stück (2 cm) frischer Ingwer

1 Zimtstange

2 Sternanis

200 g flüssiger Honig

Clementinen gründlich waschen und abtrocknen. In sehr dünne Scheiben schneiden. Kerne herauslösen und beiseitelegen. Eine erste Schicht Clementinenscheiben in einen Topf legen, eine Schicht Zucker darübergeben und den Vorgang wiederholen, bis alle Clementinen im Topf sind. Mit einer Schicht Zucker abschließen. Über Nacht durchziehen lassen.

—

Kerne der Clementinen in ein kleines Leinen- oder Mullsäckchen geben.

Am nächsten Tag den geschälten und in dünne Scheiben geschnittenen Ingwer, die Zimtstange, Sternanise, Kerne der Clementinen im Säckchen und Honig zu den gezuckerten Clementinen geben. Anschließend den Topf aufs Feuer stellen und die Fruchtmasse auf kleiner Flamme erhitzen. 30 bis 40 Minuten köcheln lassen.

—

Einen kleinen Teller in das Gefrierfach stellen. Nach der angegebenen Kochzeit einen Klecks Konfitüre auf den gekühlten Teller geben. Wenn die Clementinenmasse geliert, ist die Konfitüre fertig. Zimtstange, Clementinenkerne und Sternanise entfernen. Gläser heiß auskochen, mit einem sauberen Tuch trocknen, anschließend die Konfitüre einfüllen. Fest verschließen und mit dem Deckel nach unten auf ein Tuch stellen, bis die Konfitüre erkaltet ist.

CLEMENTINEN-KONFITÜRE MIT STERNANIS

VORBEREITUNG: **35 MIN.**
KOCHZEIT: **15 MIN.**
RUHEZEIT: **4 TAGE**
TROCKENZEIT: **1 TAG**

125 g Kumquats

125 g Zucker

50 g Pistazien

60 g Haselnüsse

50 g Pekannüsse

100 g heller Rohrrohrzucker

300 g Milchschokolade

Kumquats schnell abbürsten und in einen Topf mit kaltem Wasser legen. Wasser aufkochen und 2 Minuten sieden lassen.

—

In einem weiteren Topf 125 ml Wasser mit dem Zucker zum Kochen bringen und 5 Minuten sprudelnd weiterkochen. Kumquats in einen tiefen Teller setzen und mit dem Sirup übergießen. Den Teller abdecken und wenn nötig so beschweren, dass die Kumquats vollständig von Sirup bedeckt sind, ohne Schaden zu nehmen. 3 Tage im Sirup ruhen lassen.

—

Den Sirup von den Kumquats zurück in den Topf abgießen. Die Kumquats abtropfen lassen und auf den Teller zurücklegen. Den Sirup auf kleiner Flamme erneut aufkochen und wieder über die Kumquats gießen. Den Teller wie beschrieben abdecken und beschweren. Die Kumquats noch 1 weiteren Tag ruhen lassen.

Früchte und Sirup in einen Topf geben, zum Kochen bringen und 2 Minuten sprudelnd kochen. Anschließend im Topf erkalten lassen. Diesen Vorgang 3-mal wiederholen. Beim 4. Mal die Kumquats so lange leicht köcheln lassen, bis sie etwas glasig geworden sind. Herausnehmen, auf ein Kuchengitter setzen, abtropfen und 1 Tag lang trocknen lassen.

Kumquats in dünne Scheiben schneiden. Die Früchte erneut in eine Pfanne geben, mit hellem Rohrzucker bestreuen und bei schwacher Hitze karamellisieren. Anschließend die Kumquatscheiben auf eine Backmatte aus Silikon legen und erkalten lassen. Schokolade im Wasserbad schmelzen. Mit einem Löffelrücken runde Schokoblättchen auf einer Silikonmatte formen. Jedes noch warme Schokoblättchen mit einigen Nüssen und einer Kumquatscheibe belegen. Vor dem Verzehr im Kühlschrank kalt werden lassen.

FLORENTINER
MIT KANDIERTEN KUMQUATS

EXOTISCHE FRÜCHTE

VORBEREITUNG: **20 MIN.**
KOCHZEIT: **20 MIN.**
KÜHLZEIT: **2 STD.**

FÜR 4 PERSONEN

500 ml Kokosmilch

50g heller Rohrohrzucker

25 g Perltapioka (oder Perlsago)

24 Litschis

Kokosmilch und Zucker auf sehr kleiner Flamme in einem Topf erwärmen. Nicht zum Kochen bringen! Perltapioka hinzugeben und die Flüssigkeit ungefähr 15 Minuten unter ständigem Rühren weiter erwärmen, ohne sie aufzukochen.

—

Litschis schälen, halbieren und Kerne herauslösen.

—

Beginnt die Tapioka-Mischung sämig und die Tapiokaperlen glasig zu werden, vom Feuer nehmen und abkühlen lassen. Die Konsistenz soll cremig bleiben.

—

Jetzt die Litschis dazugeben, gut mischen und 2 Stunden vor dem Verzehr im Kühlschrank kaltstellen.

TAPIOKA-KOKOSCRÈME
MIT LITSCHIS

→ **Perltapioka** wird wie Tapiokamehl aus der Maniokwurzel hergestellt. Die Perlen sind in unterschiedlichen Größen erhältlich und werden meist in Asialäden verkauft. In Deutschland wird er z. B. von Müllers Mühle unter dem Namen Perlsago produziert. Je kleiner die Perlen, desto kürzer die Kochzeit!

VORBEREITUNG: **10 MIN.**
BACKZEIT: **3 MIN.**

FÜR 4 PERSONEN

1 Ei

100 g Mehl

1 Paket asiatisches Tempura-Paniermehl („crispy")

12 Baby-Bananen (Bananito)

1 l Frittieröl

Puderzucker (je nach Wunsch)

Ei in einem tiefen Teller aufschlagen. Mehl in einen zweiten und das Paniermehl in einen dritten Teller geben.

—

Baby-Bananen schälen, im Mehl, dann im aufgeschlagenen Ei und schließlich in der Panade wenden.

—

Öl zum Frittieren auf 180 °C erhitzen. Panierte Bananen paarweise in das heiße Fett geben, goldgelb backen, anschließend mit einem Schaumlöffel herausnehmen und auf eine mit Küchenpapier ausgelegte Platte legen.

—

Auf diese Weise fortfahren, bis sämtliche Bananen gebacken sind. Sofort mit oder ohne Puderzucker servieren.

→ In den Garküchen auf den Straßen Thailands wird diese ausgezeichnete Bananenspezialität häufig angeboten. Bei uns in Europa ist die Auswahl an Bananensorten sehr beschränkt. Die sogenannten Baby-Bananen erscheinen uns für dieses einfache, aber köstliche Rezept am besten geeignet.

GEBACKENE BANANEN IM TEIGMANTEL

VORBEREITUNG: **15 MIN.**
KÜHLZEIT: **30 MIN.**
BACKZEIT: **15 MIN.**

FÜR 4 PERSONEN

1 unbehandelte Limette

2 reife Bananen

40 g Vollrohrzucker
(Mascobado)

4 Buchweizencrêpes
(Galettes)

60 g Salzbutter

80 g flüssiger Honig

Limette waschen, abtrocknen und hauchdünne Zesten von der Schale nehmen. Frucht auspressen. Die Bananen schälen und in dicke Scheiben schneiden. Mit Limettensaft beträufeln und mit Limettenschale würzen.

—

Vollrohrzucker dazugeben und vorsichtig unterheben. Alles mit Lebensmittelfolie überziehen und 30 Minuten im Kühlschrank ziehen lassen.

—

Backofen auf 180 °C vorheizen. Währenddessen mit einem runden Ausstecher oder einer kleinen Auflaufform aus jedem der Crêpes 4 runde Formen ausstechen und auf ein Backblech legen.

—

40 g Butter auf kleiner Flamme langsam schmelzen und die Crêpes damit bestreichen. Honig dazugeben und das Blech 10 Minuten in den Backofen schieben, bis die Crêpes karamellisieren und knusprig werden.

—

Die Bananen aus dem Kühlschrank und der Marinade nehmen, die Marinade aufheben, die Bananen abtropfen lassen. Die restliche Butter in einer Pfanne schmelzen und die Bananen darin goldbraun braten.

—

Auf jeden Teller abwechselnd kleine Buchweizencrêpes und gebratene Bananen wie für eine Art Schichtkuchen arrangieren. Etwas von der Marinade darüber träufeln und sofort verzehren.

KNUSPRIGE BUCHWEIZENCRÊPES MIT GEBRATENEN BANANEN

VORBEREITUNG: **30 MIN.**
ZUBEREITUNGSZEIT: **40 MIN.**

FÜR 4 PERSONEN

4 kleine Langustenschwänze

4 EL Olivenöl

+ 1 Schuss Olivenöl zum Braten

Saft einer Zitrone

Mark einer Vanilleschote

75 g Schnittsalat-Mix („Misticanza")

Meersalz „Fleur de Sel" und frisch gemahlener Pfeffer

FÜR DAS CHUTNEY

1 Ananas (ca. 1 kg, z.B. Sorte "Victoria")

1 rote Zwiebel

1 EL Olivenöl

1 EL Kreuzkümmel, ungemahlen

2 EL flüssiger Honig

3 EL Weinessig

Für das Chutney Ananas und Zwiebel schälen und fein würfeln. Die Zwiebeln mit dem Olivenöl glasig dünsten. Sind die Zwiebeln weich, Ananas, Kreuzkümmel, Honig und 2 EL Wasser dazugeben und auf kleiner Flamme 10 Minuten erhitzen. Essig angießen und ungefähr 20 Minuten köcheln lassen, bis eine Art Kompott entstanden ist. Abkühlen lassen oder in ein Marmeladenglas abfüllen.

—

Backofengrill anheizen.

—

Die Langustenschwänze der Länge nach halbieren. Auf ein mit Backpapier ausgelegtes tiefes Backblech legen. Langusten salzen, pfeffern, mit Olivenöl beträufeln und ungefähr 10 Minuten unter den Backofengrill schieben.

—

Für die Sauce das Olivenöl mit dem Zitronensaft und dem Mark der Vanilleschote mischen.

—

Den gemischten Schnittsalat auf 4 Teller verteilen. Jeweils 2 gegrillte Langustenhälften darauf setzen, 1 oder 2 EL Chutney dazugeben, salzen, pfeffern, mit der Vanillesoße beträufeln und sofort servieren.

LANGUSTEN
VOM GRILL
MIT ANANAS-CHUTNEY

VORBEREITUNG: **10 MIN.**
ZUBEREITUNG: **10 MIN.**

FÜR 4 PERSONEN

1 unbehandelte Limette

2 kleine Ananas „Victoria"
oder 1 mittelgroße Ananas
(ca. 2 kg)

2 Vanilleschoten

50 g Butter, mild gesalzen

50 g Vollrohrzucker
(Mascobado)

150 ml hochwertiger, alter
Rum (VO)

Limette waschen, trocknen, dünne Zesten von der Schale nehmen und die Frucht auspressen. Ananas so schälen, dass keine „Augen" am Fruchtfleisch verbleiben. Zuerst in ungefähr 1,5 cm dicke Scheiben, dann in Stücke schneiden. Mit Limettensaft und -zesten würzen.

—

Vanilleschoten der Länge nach aufschneiden und vierteln. Butter in einer großen, beschichteten Pfanne schmelzen. Die Ananasstücke und die Vanilleschoten hineingeben.

Die Ananasstücke 10 Minuten leicht in der Butter anbräunen. Dabei mit Rohrzucker bestreuen und den Rum angießen. Den heißen Rum in der Pfanne flambieren und die Ananas dabei wenden. Sofort servieren.

→ Die Ananassorte „Victoria" ist etwas kleiner als die klassische Ananas, jedoch süßer und faserärmer. Sie eignet sich ideal für dieses Gericht. Nicht zu verwechseln mit der Baby-Ananas, die noch kleiner ist!

ANANAS
NACH ART DER
BANANEN FLAMBIERT

FÜR 4 PERSONEN

1 kleine, reife Mango

Saft einer ½ Limette

3 Passionsfrüchte

60 g Vollrohrzucker (Mascobado)

600 ml Schlagsahne

3 Blatt Bio-Gelatine

2 Päckchen Vanillezucker

Mango schälen, das Fruchtfleisch vom Kern lösen und mit dem Limettensaft im Mixer pürieren. In den Kühlschrank stellen.
—

Passionsfrüchte aufschneiden und das Fleisch mit einem Löffel herausschälen. Mit dem Zucker und der flüssigen Sahne in einen Topf geben und zum Kochen bringen.
—

Die Gelatineblätter in einer Schüssel mit kaltem Wasser solange einweichen, wie auf der Packung vorgeschrieben. Anschließend die Blätter mit den Händen ausdrücken. Passionsfrucht-Sahnecrème vom Feuer nehmen und die Gelatine einrühren. Diese löst sich in der heißen Crème sofort auf.
—

Etwas Mangopüree auf dem Boden von jeweils 4 Dessertgläsern verteilen und mit Passionsfruchtcrème auffüllen. Die Gläser mindestens 2 Stunden in den Kühlschrank stellen, bis die Panna Cotta fest geworden ist.
—

Kurz vor dem Servieren die Panna Cotta mit einem Löffel Mangopüree dekorieren oder separat bereitstellen.

PANNA COTTA
MANGO-
PASSIONSFRUCHT

ZUBEREITUNG: **10 MIN.**

FÜR 4 PERSONEN

3 Bananen

3 Kiwis

2 Limetten

**2 kleine Becher Vollmilch-
Joghurt „Natur" (300 ml)**

Eiswürfel

Bananen und Kiwis schälen, in große Stücke schneiden. Limetten auspressen.

—

Früchte zusammen mit Joghurt und Limettensaft in einem Standmixer mixen. Einige Eiswürfel dazugeben und auf der höchsten Einstellung weiter mixen, bis ein cremiger, homogener Saft entstanden ist.

Sofort in Gläser füllen und mit Trinkröhrchen und je nach Geschmack mit zusätzlichen Eiswürfeln servieren.

→ **Die Säure der Kiwis verbindet sich in diesem Milchshake harmonisch mit der wohltuenden Süße der Bananen. Dieses sättigende, gesunde Getränk ist beliebt bei Groß und Klein.**

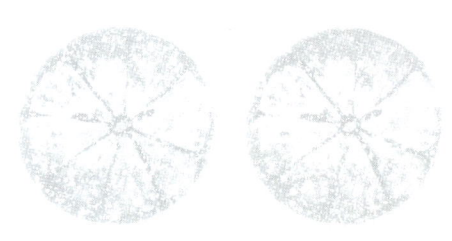

KIWI-BANANEN-
LIMETTEN-
MILCHSHAKE

NOCH MEHR FRÜCHTE

VORBEREITUNG: **15 MIN.**
KOCHZEIT: **1 STD. 40 MIN.**

FÜR 4 PERSONEN

50 g Vollrohrzucker (Mascobado)

Saft von 1 Zitrone

600 g Quitten

4 schöne Karotten

1 große Zwiebel

100 ml Olivenöl

800 g Kalbskarree ohne Knochen, in Stücke geschnitten

1/2 Teelöffel Safranfäden

Saft von 1 Orange

100 g flüssiger Honig

Salz und frisch gemahlener Pfeffer

1 Liter Wasser mit Rohrzucker und Zitronensaft zum Kochen bringen. Quitten schälen, Kernhaus entfernen und vierteln. 5 Minuten im Zitronenwasser kochen. Herausnehmen, abtropfen lassen.

—

Karotten schälen, waschen und in dicke Scheiben schneiden. Zwiebel schälen und grob hacken.

—

In einem Bräter das Olivenöl erhitzen und die Zwiebeln mit Kalbskarree und Safran 5 Minuten anbraten.

—

Anschließend Orangensaft, Karotten und Honig einrühren. Salzen, Pfeffern und Quitten hinzufügen. Zugedeckt 1 Stunde 30 Minuten leicht köcheln lassen. Von Zeit zu Zeit Deckel vom Schmortopf nehmen und ruhig etwas Wasser nachgießen, falls zu viel Flüssigkeit verdunstet ist.

—

Ungefähr 10 Minuten vor Ende der Kochzeit das Gericht mit sämtlichen Zutaten vorsichtig umrühren. Vom Feuer nehmen und servieren.

→ Dieses kleine Schmorgericht wurde mit orientalischen Zutaten verfeinert. Wählen Sie ausgelöstes Kalbskarree (Kalbsrücken) vom Metzger: Es besitzt den richtigen Fettanteil, um beim Schmoren herrlich weich und zart zu werden.

KALBFLEISCH
MIT HONIG UND QUITTEN

VORBEREITUNG: **15 MIN.**
KOCHZEIT: **1 STD. 40 MIN.**
RUHEZEIT: **24 STD.**

2 kg unbehandelte Quitten

grober Kristallzucker

Quitten gründlich abreiben, um den Flaum auf der Haut zu entfernen, waschen. Samt Schale in Stücke schneiden. Quittenkerne in ein Mullsäckchen füllen. Quittenstücke mit Kernen in einen großen Schmortopf geben und mit Wasser bedecken. 40 Minuten köcheln lassen.

—

Quitten im Sieb abtropfen lassen und mit dem Zauberstab pürieren. Das Fruchtpüree anschließend wiegen und zusammen mit der gleichen Menge Zucker in einen Topf füllen. Gut durchrühren und auf kleiner Flamme ungefähr 1 Stunde köcheln lassen, bis sich die Masse vom Topfboden löst.

—

Eine Form mit Lebensmittelfolie auslegen und die Quittenpaste hineingeben. Die Masse mit einem Spatel glatt streichen und 24 Stunden bei Raumtemperatur trocknen lassen.

—

Ist die Quittenpaste fest und trocken geworden, in kleine Stücke schneiden und als Beilage zu Ziegenkäse servieren oder in grobem Kristallzucker wenden und als Quittenkonfekt genießen.

→ Die Quitte ist eine große, gelbe Baumfrucht von herbem Geschmack mit flaumig behaarter, dicker Haut und intensivem Duft. Sie gehört zu den wenigen Früchten, die noch unreif gepflückt und daher für den Verzehr gekocht werden. Die an Pektin reichen Quitten verarbeitet man im Allgemeinen zu Gelee, Konfitüren oder Quittenbrot.

QUITTENBROT

ZUBEREITUNG: **15 MIN.**

FÜR 4 PERSONEN

8 dünne Scheiben Parma-
schinken

100 g Rauke

50 helle und blaue
Weintrauben

50 g gehobelter Parmesan

4 EL Olivenöl

2 EL Balsamico-Sirup

1 Messerspitze franz.
Chilipulver „Piment
d'Espelette"

Meersalz „Fleur de Sel"

Die dünnen Parma-Schinkenscheiben in feine Streifen schneiden.

Rauke waschen, trockenschleudern und auf 4 Salatschalen verteilen.

—

Weintrauben waschen, trockentupfen und halbieren. Zusammen mit
den Schinkenstreifen auf die Rauke legen.

—

Parmesan darüber hobeln, mit Olivenöl und Balsamico-Sirup
beträufeln, mit Piment d'Espelette bestreuen, salzen und pfeffern.

ITALIENISCHER SALAT
MIT SCHINKEN UND WEINTRAUBEN

VORBEREITUNG **10 MIN.**
ZUBEREITUNGSZEIT: **10 MIN.**

FÜR 4 PERSONEN

20 g helle Weintrauben

150 g heller Rohrohr-
zucker

Weintrauben abzupfen. Waschen und sorgfältig trockentupfen.

—

Anstelle des Stiels einen kleinen Bambusspieß oder ein Holzstäb-
chen in die einzelnen Weintrauben stecken.

—

Ein beschichtetes Backblech oder ein mit Backpapier ausgelegtes
Backblech und eine Schüssel mit kaltem Wasser bereitstellen.

—

Zucker mit 50 ml Wasser in einen kleinen Topf mit dickem Boden
geben. Wasser auf kleiner Flamme zum Kochen bringen und
weiterköcheln, bis sich der Zucker auflöst und ein Sirup entsteht.
Den Sirup auf kleiner Flamme weiter karamellisieren. Hat er eine
schöne, bernsteinbraune Farbe angenommen (nicht zu dunkel
werden lassen), den Topf mit dem Boden in eine Schüssel mit
kaltem Wasser stellen, um die weitere Wärmezufuhr zu unter-
brechen.

—

Jetzt die Traube am Spieß einzeln in dem flüssigen Karamell
wenden und nacheinander auf das Backblech legen. Vorzugsweise
innerhalb der nächsten 4 Stunden verzehren.

KANDIERTE
WEINTRAUBEN
WIE PARADIESÄPFEL

VORBEREITUNG: **25 MIN.**
KOCHZEIT: **30 MIN.**

FÜR 4 PERSONEN

**500 g Esskastanien
(Maronen)**

500 g weiße Champignons

1 Zwiebel

20 g leicht gesalzene Butter

250 ml Mandelmilch

100 ml Schlagsahne

Bio-Hühnerbrühe

50 g Mandelblätter

**1 Messerspitze franz.
Chilipulver „Piment
d'Espelette"**

**Meersalz „Fleur de Sel"
und frisch gemahlener
Pfeffer**

Einen großen Topf mit reichlich Wasser zum Kochen bringen. Die Kastanien an der spitz zulaufenden Seite kreuzweise einschneiden, ins sprudelnde Wasser geben und 10 Minuten kochen. Herausnehmen und schälen. Anschließend grob hacken.

Champignons putzen, den Fuß entfernen und die Pilze je nach Größe in vier bis sechs Scheiben schneiden. Zwiebel schälen, fein hacken und in einer Pfanne mit zerlassener Butter leicht anbräunen. Die Kastanien und danach die Champignons dazugeben. Alles anbraten. Mit Mandelmilch, flüssiger Sahne und Hühnerbrühe ablöschen, salzen, pfeffern und zugedeckt 20 Minuten köcheln lassen.

Währenddessen Mandelblätter in einer Pfanne ohne Fett goldgelb rösten. Beiseite stellen.

Sind die Champignons weich, alles in einen Standmixer geben. Falls nötig, mit einer Kelle etwas Flüssigkeit abnehmen. Alle Zutaten im Mixer zu einer leichten, schaumigen Crème pürieren. Anschließend auf Suppenschalen verteilen, mit gerösteten Mandelblättern und einer Prise Chili „Piment d'Espelette" bestreuen und sofort servieren.

KASTANIEN-CHAMPIGNON-CRÈMESUPPE
MIT MANDELMILCH

VORBEREITUNG: **20 MIN.**
BACKZEIT: **2 STD.**

FÜR 4 PERSONEN

30 g weiche Butter

200 g Maronenpüree

4 Eiweiße

200 g Zucker

150 Schlagsahne

2 Päckchen Vanillezucker

Butter schaumig rühren und mit Maronenpüree zu einer glatten Crème verarbeiten. Die Crème in einen Spritzbeutel mit glatter Tülle füllen und in den Kühlschrank legen.

—

Backofen auf 90 °C vorheizen. Eiweiß in einen Topf im Wasserbad geben. Auf kleiner Flamme mit den Schneebesen des Handrührgeräts steif schlagen. Dabei nach und nach den Zucker einrieseln lassen, bis ein fester Eischnee von ungefähr doppeltem Volumen entstanden ist. Vom Feuer nehmen und weiter aufschlagen, bis die Masse völlig erkaltet ist.

—

Anschließend in einen Spritzbeutel mit mittelgroßer, geriffelter Tülle geben und kleine Makronen auf ein mit Backpapier ausgelegtes Backblech spritzen. In den Backofen schieben und backen, bis die Makronen trocken und knusprig sind. Das dauert ungefähr 2 Stunden.

—

Die Sahne mit dem Vanillezucker sehr steif schlagen.

—

4 Auflaufförmchen zu ¾ mit der Sahne befüllen. Eine Makrone darauf setzen und eine zweite Schicht Sahne darübergeben. Dann die Maronencrème aus dem Spritzbeutel darauf spritzen und mit einer oder mehreren Makronen verzieren.

KASTANIENDESSERT „MONT BLANC"

CRANBERRY-VANILLE-MUFFINS

VORBEREITUNG: **20 MIN.**
BACKZEIT: **20 MIN.**

FÜR 6 MUFFINS

45 g gemahlene Haselnüsse

65 g Mehl

½ Päckchen Backpulver

80 g heller Rohrohrzucker

1 Vanilleschote

30 g mild gesalzene Butter

150 ml Schlagsahne

1 Ei

75 g Cranberrys

Backofen auf 180 °C vorheizen. In einer Schüssel die gemahlenen Haselnüsse mit dem Mehl, dem Backpulver und dem Zucker vermischen. Vanilleschote aufschneiden, das Mark herauskratzen und zu der Haselnuss-Mehl-Zucker-Mischung geben.

–

Die Butter schmelzen und die Sahne untermischen. Ei schaumig schlagen und einarbeiten.

–

Haselnuss-Mehl-Zucker-Mischung sehr rasch unter die Sahne-Ei-Masse rühren und die Cranberrys unterheben.

–

Papierförmchen in die Muffinformen setzen und den Teig einfüllen. Ungefähr 20 Minuten im Ofen backen, bis sie innen noch zart schmelzend, aber außen schön hell gebräunt sind. Aus dem Ofen nehmen und vor dem Verzehr erkalten lassen.

→ Frische Cranberrys kommen bei uns im Herbst auf den Markt. Diese Zeit sollte man nutzen, denn die Erntesaison ist kurz. Wer jedoch schon im Frühjahr oder Sommer große Lust auf diese Muffins hat, greift einfach auf getrocknete Cranberrys zurück.

VORBEREITUNG **10 MIN**
ZIEHZEIT: **12 STD.**

FÜR 4 PERSONEN

1 Bund Pfefferminze

250 ml Schlagsahne

4 makellose, noch etwas
feste Kakis

Am Vorabend die Pfefferminze waschen, Blättchen abzupfen und trockentupfen. Die Sahne aufkochen, vom Feuer nehmen, die Pfefferminze hineingeben und zugedeckt ziehen lassen, bis die Sahne völlig abgekühlt ist. Anschließend alles in den Kühlschrank stellen.

—

Am nächsten Tag auf ¾ der Höhe der Kakifrüchte einen Deckel abschneiden. Das Fleisch mit einem Kugelausstecher auslösen, um Kakikugeln zu formen. Das kugelförmige Fruchtfleisch in die ausgehöhlten Kakis zurückfüllen.

—

Die Sahne durch ein Sieb gießen, um die Pfefferminzeblätter zu entfernen. Anschließend mit den Schneebesen des Handrührgeräts zu einer steifen Schlagsahne schlagen.

—

Auf jede Kaki eine große Haube Pfefferminzsahne spritzen und sofort servieren.

→ Der Kakibaum stammt aus Ostasien und ist bei uns nicht winterhart, man kann ihn aber im Kübel kultivieren. Die Kaki wird nach den ersten Frösten geerntet, die die Früchte erst genießbar machen, da sie ihnen Gerbstoffe entziehen. Ihr Fleisch wird dadurch samtig-cremig und mild. Bei uns wird vor allem eine israelische Zuchtform, die Sharonfrucht, angeboten, die keine Kerne enthält.

KAKI-DESSERT
MIT PFEFFERMINZ-
SAHNE

VERLAGSGRUPPE PATMOS

PATMOS
ESCHBACH
GRÜNEWALD
THORBECKE
SCHWABEN

Die Verlagsgruppe
mit Sinn für das Leben

© der deutschen Ausgabe 2014 Jan Thorbecke Verlag
der Schwabenverlag AG, Ostfildern
www.thorbecke.de
© der Originalausgabe unter dem Titel: Pommes,
Poires, Coings et Fruits d'hiver: Éditions Larousse 2013.

Umschlaggestaltung: Finken und Bumiller, Stuttgart
Umschlagabbildungen: Valérie Lhomme
Gestaltung: Odile Chambaut
Druck: Graficas Estella, Spanien
ISBN 978-3-7995-0565-9